SOCIÉTÉ

DES

INDUSTRIELS ET DES COMMERÇANTS DE FRANCE

21, rue Hauteville, Paris

LA LOI

SUR LES

ACCIDENTS DU TRAVAIL

ET LE CORPS MÉDICAL

CONSÉQUENCES ÉCONOMIQUES ET SOCIALES

PAR

MÉMOR

(Extrait de la Revue Internationale du Commerce, de l'Industrie et de la Banque)

PARIS

FÉLIX ALCAN, ÉDITEUR

LIBRAIRIES FÉLIX ALCAN ET GUILLAUMIN RÉUNIES

108, BOULEVARD SAINT-GERMAIN, 108

—

1908

SOCIÉTÉ
des Industriels et des Commerçants

DE FRANCE

Fondée en Mars 1895

Siège social, 21, rue Hauteville, Paris.

EXTRAIT DES STATUTS

Article premier. — La Société des Industriels et des Commerçants de France a pour but de favoriser les progrès de l'industrie et du commerce, d'en développer l'essor, de provoquer l'établissement de relations commerciales avec toutes régions en France et tous pays, au moyen de toute organisation ou propagande utile, notamment par des Congrès, des réunions, des expositions, des enquêtes, des publications, des encouragements et des récompenses, ainsi que par la vulgarisation des connaissances industrielles et commerciales dans toutes leurs branches.

Elle entend rester exclusivement sur le terrain des questions commerciales et industrielles.

COMITÉ D'HONNEUR ET DE PATRONAGE

MM. Godin, Sénateur, Ancien Ministre.
Lourties, Sénateur, Ancien Ministre du Commerce.
Millaud, Sénateur, Ancien Ministre des Travaux Publics.
Nobl, Sénateur.
Poirrier, Sénateur, Ancien Président de la Chambre de Commerce de Paris.
Barthou, Député, Ministre des Travaux Publics.
Caillaux, Député, Ministre des Finances.
Chaumet, Député de la Gironde.
Siegfried (Jules), Ancien Ministre.
Charles Roux. Ancien Député, Président de la Cⁱᵉ du Canal de Suez.
Delombre, Ancien Député, Ancien Ministre du Commerce.
Mill (Louis), Ancien Député.
Bouquet, Ancien Directeur de l'Enseignement technique au Ministère du Commerce, des Postes et des Télégraphes, Directeur du Conservatoire des Arts et Métiers.
Molinari (de), Correspondant de l'Institut.
Raffalovich (Arthur), Correspondant de l'Institut.
Roy (Gustave), Ancien Président de la Chambre de Commerce de Paris.

BUREAU DU COMITÉ GÉNÉRAL

Président.	M. Gaston Ménibr, Député.
Vice-Présidents	M. Yves Guyot, Ancien Ministre.
	M. Pinard (A.), Président de l'Alliance syndicale du Commerce et de l'Industrie.
Secrétaire général	M. Julien Hayem, Manufacturier.
Secrétaire général adjoint. .	M. Klotz (Henry), Manufacturier.
Trésorier	M. Chouet. Ancien juge au Tribunal de Commerce.

LA LOI SUR LES ACCIDENTS DU TRAVAIL

ET LE CORPS MÉDICAL

CONSÉQUENCES ÉCONOMIQUES ET SOCIALES

SOCIÉTÉ

DES

INDUSTRIELS ET DES COMMERÇANTS DE FRANCE

21, rue Hauteville, Paris

LA LOI

SUR LES

ACCIDENTS DU TRAVAIL

ET LE CORPS MÉDICAL

CONSÉQUENCES ÉCONOMIQUES ET SOCIALES

PAR

MÉMOR

(Extrait de la Revue Internationale du Commerce, de l'Industrie et de la Banque)

PARIS

FÉLIX ALCAN, ÉDITEUR

LIBRAIRIES FÉLIX ALCAN ET GUILLAUMIN RÉUNIES

108, BOULEVARD SAINT-GERMAIN, 108

1908

LA LOI SUR LES ACCIDENTS DU TRAVAIL

ET LE CORPS MÉDICAL

CONSÉQUENCES ÉCONOMIQUES ET SOCIALES (1)

I

Les lois de 1898, 1902, 1905. Les abus médicaux. Les médecins marrons.

Lorsque les Chambres votèrent les lois sur les accidents du travail, les 9 avril 1898, 22 mars 1902, 31 mars 1905, de toutes parts résonna un concert d'éloges. C'était la consécration reconnue du risque professionnel, dont tous les patrons s'étaient occupés depuis plus de quarante ans ; c'était la reconnaissance implicite de l'assurance contre les accidents, c'était la garantie formelle pour l'ouvrier de l'indemnité pour lui et ses ayants droit.

Il y a à présent une réparation forfaitaire qui est inscrite dans le Code ; en cas d'incapacité temporaire, d'incapacité permanente, de mort, la victime ou ses héritiers sont assurés de toujours recevoir, et dans des délais rapides, les sommes ou rentes accordées par la loi. Le principe très juste, très humanitaire de la loi de 1898 est pleinement réalisé, et, en vertu de la loi de 1905, il est parfaitement assuré.

Aussi les patrons, les assureurs, les ouvriers, au début du fonctionnement des textes législatifs, se congratulèrent réciproquement sur les avantages obtenus, et entrevirent une ère de concorde et de justice sociale, en même temps qu'un vaste champ de travail utile et fécond ! Il fallut trop vite déchanter !

---

(1) Les pages qu'on va lire ont été publiées dans la *Revue Internationale du Commerce, de l'Industrie et de la Banque*, nᵒˢ 31 mars, 30 juin et 30 septembre 1908.

Les lois si acclamées à leur origine ont produit des effets souvent néfastes et assurément contraires à la pensée du législateur. A quoi sont dus ces résultats ? A la disposition défectueuse d'une part des lois des 9 avril, 22 mars 1902, et 31 mars 1905, et d'autre part à la fausse interprétation des textes par les tribunaux. De là de nombreux abus causés par la simulation des accidents, la prolongation injustifiée des chômages, la progression des incapacités temporaires, l'exagération des frais judiciaires et des honoraires médicaux. Ces abus ont augmenté d'une part, d'une façon notable, les charges d'assurance supportées par les commerçants et les industriels, en les faisant progresser d'au moins 50 0/0 en sept ans, et d'autre part ont incité à la fraude et à la paresse un nombre chaque jour plus grand de travailleurs.

Quels ont été les complices de cette démoralisation ? D'abord la loi elle-même qui, par les facilités données par l'assistance judiciaire à la victime de l'accident, permet au simulateur de tenter l'aventure sans frais et sans risques. En second lieu — et il faut l'avouer franchement, on doit porter le scalpel dans cette plaie saignante, dans cet ulcère qui ronge les parties saines, dans ce corps d'élite qui souffre des microbes qui l'envahissent — : les médecins, oui les médecins, non pas tous certes, mais un trop grand nombre pour faire une large tache dans cette corporation considérée jusqu'à présent comme une des bienfaitrices de l'humanité.

On donne à ces professionnels une appellation bien saisissante, en les assimilant à des courtiers d'opérations louches : on les désigne sous le nom de *médecins marrons !* Le corps médical s'est indigné, on le conçoit, du scandale qu'ils provoquent.

M. le docteur Petitjean, sénateur de la Nièvre, a fait une enquête très sérieuse et toute remplie de révélations précises sur leurs agissements (1). M. Villemin, de son côté,

---

(1) *Médecins et accidents du travail,* par le Dʳ Petitjean. Rousseau, éditeur Paris, 1908.

membre du Comité consultatif contre les accidents du travail, président du Syndicat général de garantie du bâtiment, a entrepris une campagne contre des abus aussi criants et qui détruisent les espoirs fondés sur la loi. L'exercice du droit de choisir librement son médecin n'a eu guère jusqu'à présent comme résultat que de livrer les commerçants et les industriels à l'exploitation d'un certain nombre de médecins aussi dépourvus de science que de conscience. Ces médecins, jeunes pour la plupart, sans clientèle jusqu'à la loi de 1898, sont parvenus à s'en créer une, en exploitant les blessés du travail. Cette clientèle est pour eux infiniment plus rémunératrice que la clientèle bourgeoise (1). Ils font racoler aux chantiers, aux usines, aux mairies, aux hôpitaux ; ils se préoccupent peu du traitement, mais beaucoup de la confection des notes d'honoraires et retardent le plus possible la guérison. Et que dire, en présence du tarif officiel, du tarif légal ? Provoquer une expertise s'il s'agit d'honoraires médicaux ou de notes pharmaceutiques fort élevés : on est condamné 99 fois sur 100. Ou bien, comme c'est généralement le cas, payer, par une transaction, des sommes d'environ 100 fr.

Comment procèdent en général ces *médecins marrons ?* Ils ont des rabatteurs qui reçoivent de 2 à 3 francs par blessé qu'ils amènent à l'officine qui les emploie. Ces rabatteurs sont presque toujours des ouvriers sans profession bien définie qui, ayant été mis en rapport avec le tenancier de l'officine, jugent infiniment plus profitable d'entrer à son service que de retourner au chantier ou à l'atelier. En se promenant, ils se font des journées supérieures à celles que leur procurerait un travail régulier. Dès qu'ils aperçoivent un blessé, ils feignent de s'intéresser à son accident, ils l'entraînent chez le marchand de vin, et, devant le comptoir, ils lui persuadent facilement qu'il a intérêt à s'adresser à « un grand médecin ami des ouvriers, qui donne ses conseils gratuitement et leur fera obtenir une importante

---

(1) Certains spécialistes à Paris gagnent, grâce à ce métier, très largement leur vie.

indemnité ». Le blessé convaincu suit le camarade chez le médecin qui le reçoit avec un empressement non déguisé. Il existe même des cliniques, très bien organisées, dont l'unique profit réside dans le racolage des blessés du travail.

Quand ces médecins ont le blessé entre les mains, ils lui délivrent un certificat d'accident, certificat de complaisance, qui lui permet un chômage de quinze jours, au moins, ou d'un mois, selon les circonstances. Le blessé simule, si besoin est, la maladie, et, sur les conseils de son médecin, prolonge les consultations, les visites, les pansements. Comment peut-on les contester, en présence du tarif légal ?

Des notes de médecins avec pansements et massages quotidiens s'élèvent, par chaque jour de traitement, à 6 francs à leur cabinet, 7 fr. 50 à domicile, sans compter les massages, les petites opérations, les fournitures pharmaceutiques. Les notes sont souvent supérieures à l'indemnité de chômage. Par exemple une plaie du pouce, 34 jours de chômage, 85 francs d'indemnité, entraîne une note médicale de 124 francs ; une contusion du genou ayant occasionné 48 jours de chômage et un demi-salaire de 144 francs, entraîne une note médicale de 208 francs ! Et ce ne sont là que les visites médicales ! Il faut y ajouter les abus des produits pharmaceutiques. On voit de nombreuses ordonnances prescrivant des quantités considérables d'ouate, de compresses, de bandes, de liniment, du vin de quinquina et de malaga. Il y a des relevés de notes pharmaceutiques qui atteignent 396 francs pour 21 blessés ! Une note curieuse est celle d'un ouvrier dont une contusion à l'abdomen a entraîné 183 francs de produits de pharmacie pendant 70 jours de chômage. C'est un record ! Et si on ajoute à ces honoraires et à ces notes les découvertes scientifiques modernes, entre autres la radiographie (1), on ne sait plus où s'arrêteront les frais médicaux qui seront réclamés pour cause d'accidents du travail !

Observons que souvent lorsque l'ouvrier a chômé un mois,

---

(1) Il y a des notes de radiographie de 200 francs ou 300 francs.

il ne rentre pas dans son ancien atelier, mais prend un autre centre industriel, en profitant d'un délai de huit ou dix
jours de plus, résultant du certificat du médecin, entre le
temps de la guérison effective et le temps de la rentrée,
temps pendant lequel il touche le demi-salaire, tout en ayant
travaillé chez un autre patron.

On croit rêver en racontant ces faits, et on est effrayé
en songeant qu'ils se répètent dans d'innombrables cabinets médicaux ou cliniques médicales, à Paris et dans les
grands centres, malgré les protestations indignées des
praticiens de renom et des médecins honorables.

Non, la réalité est bien là, le danger est palpable. Il est
même plus grand qu'on ne croit. Car nous avons expliqué
les abus criants, les scandales honteux auxquels se livrent
les *médecins marrons*. Mais seront-ils toujours seuls à
profiter des inconséquences de cette loi sur les accidents?
La profession de médecin, pour honorable qu'elle soit,
n'en est pas moins pénible. Sans faire le racolage, sans
employer les vils moyens que nous avons signalés et qui
touchent à l'escroquerie; combien de médecins dépourvus
de clients sont tentés de soigner des victimes d'accidents,
et, sans trop d'exagération, de faire durer quelque peu le
temps de la guérison pour augmenter leurs honoraires.

Bien souvent aujourd'hui les ouvriers eux-mêmes s'ima-
ginent être atteints, s'absorbent dans une idée fixe qui
brise leur activité physique et prient le médecin de constater un état moralement morbide. Sans se faire prier outre mesure, et, en présence d'une situation maladive, le
médecin honnêtement peut constater une incapacité de
travail. C'est là de la part de l'ouvrier ce que M. le Dʳ Bris-
saud a dénommé la « sinistrose ». « La conséquence de cette
maladie, dit M. Beaumont dans le *Recueil spécial des accidents du travail* (1), est la possibilité d'avoir une rente et
de l'obtenir la plus élevée possible (2). »

---

(1) Numéro de janvier 1908, page 339.

(2) La septième chambre de la Cour d'appel vient tout récemment (en dé-
cembre 1908), de confirmer un jugement de première instance qui avait décidé
que le sinistrosé ne pouvait se prévaloir de la loi de 1898 sur les accidents
du travail pour prétendre à une indemnité.

Que faut-il faire, quel parti prendre en présence d'une situation qui s'aggrave chaque jour? Les Compagnies d'assurances pourront-elles continuer à pratiquer la garantie des risques industriels? Les statistiques démontrent en effet que l'assurance ouvrière ne donne que des résultats négatifs, tout en considérant que les primes demandées sont arrivées à peu près à la limite des sacrifices possibles pour les assujettis. Les petits accidents se sont multipliés notamment d'une façon tout à fait anormale; leur nombre en 1899 était de 74 0/0, et en 1906 de 145 0/0 (1) par million de salaires assurés et en 1906 on payait 220 0/0 de plus qu'en 1899! Il est évident que cette progression énorme ne peut manquer de faire réfléchir les Compagnies d'assurances, qui, fatalement, seront amenées, sinon à abandonner l'assurance ouvrière, du moins à la limiter aux indemnités, en excluant la garantie des frais médicaux et pharmaceutiques. Les patrons seront ainsi dans l'obligation de garder pour leur compte ces frais onéreux; la personnalité des Compagnies d'assurances disparaissant, les médecins et les pharmaciens, réglant directement avec les commerçants et les industriels, se montreront peut-être plus modérés.

Les Compagnies d'assurances ont du reste l'honneur d'être directement mises en cause par la Confédération générale du travail (2). M. Griffuelhes, le secrétaire général de l'institution, estime que les Compagnies usent de manœuvres qu'on doit dénoncer. L'idée de la loi de 1898 était un règlement entre le patron et l'ouvrier; un intermédiaire est venu se placer entre eux, une agence commerciale basée sur la spéculation : *l'assurance*. Il s'est donc fondé des Compagnies disposant de gros capitaux, de grosses influences, avec un personnel de médecins et d'avocats. Le médecin de l'assurance est tout acquis à cette dernière; les ouvriers ne peuvent avoir confiance en lui. La loi de 1905 a été sage en leur octroyant le choix libre; peu leur importe la valeur du médecin choisi par eux : il suffit que le praticien soit pour eux contre la puissante Compagnie.

---

(1) Conférence de M. Villemin à la Fédération des I. et des C. français en mars 1908.

(2) Affiche placardée dans Paris le 20 mars 1908.

C'est un auxiliaire précieux pour eux, victimes faciles et qu'on égorge sans pitié!

C'est assurément une garantie pour le travailleur que ce libre choix du médecin; qu'il insiste du moins énergiquement pour qu'il soit maintenu!

Les loups-cerviers, ce sont comme toujours les capitalistes, en l'espèce, l'assurance et le patron; l'agneau, la pauvre victime, c'est l'ouvrier. Est-on bien certain, avec les exemples que nous avons cités, avec les chiffres des honoraires médicaux, les chômages des ouvriers, les indemnités réclamées, que la pauvre victime n'est pas plutôt le soi-disant loup, qui finit par n'avoir plus de peau sur ses maigres os, et est finalement dévoré par le doux agneau ?

Quels remèdes employer pour obvier à une situation aussi complexe, arrêter les fraudes médicales, donner satisfaction aux ouvriers, permettre aux compagnies d'assurances de continuer leurs opérations, fournir aux patrons des règlements équitables et proportionnés à leurs forces? Tous les gens qui s'intéressent à la prospérité de notre pays, qui ont à cœur cette grave question sociale et économique tout à la fois, recherchent une solution. Bien des propositions sont actuellement à l'étude. On a parlé de la création d'un ordre des médecins, comme il existe un ordre des avocats; on a demandé l'institution de commissions arbitrales entre assureurs et médecins ; on a examiné l'application de tarifs forfaitaires ; on a réclamé l'assistance judiciaire limitée à la justice de paix; on a demandé la réduction notable des frais judiciaires ; on a préconisé le refus de rentes pour les incapacités accidentelles, et la suppression de la faculté de rachats de rentes inférieures à 100 francs. Ce seront là des points que nous nous proposons d'examiner et d'étudier plus loin. Mais, en dehors de ces palliatifs, doit-on laisser le libre choix du médecin, et conserver intacte la loi de 1905? C'est là le nœud principal du problème. On a vu que la Confédération générale du travail se prononce énergiquement pour l'affirmative. Il semble, dans l'intérêt des patrons et des assureurs, qu'on pourrait modifier ce libre choix. Il y aurait peut-être à étudier les correctifs apportés par la Belgique et l'Allemagne, qui paraissent avoir donné satisfaction aux intéressés. Il faudrait s'efforcer en France de concilier les intérêts des patrons et des ouvriers, et rendre à la loi son caractère utile et humanitaire. La loi, telle qu'elle est, avec ses déformations actuelles, est dangereuse et démoralisatrice.

II

L'arrêté ministériel du 30 septembre 1905. Observations et statistiques médicales.

Nous avons montré, dans les grandes lignes, les effets souvent néfastes des lois de 1898, 1902 et 1905, et les nombreux abus qui en étaient résultés, principalement du fait du corps médical. Nous ne croyons pas inutile, pour entrer dans le fond même de notre sujet, de dire quelques mots de l'arrêté ministériel du 30 septembre 1905 qui règle la matière, et de mettre sous les yeux de nos lecteurs certaines notes d'honoraires de médecins et de pharmaciens. L'examen de ce tarif et de ces notes, de dates récentes, permettront de se rendre parfaitement compte de la valeur des arguments que nous avons exposés, et démontreront, d'une façon saisissante, les procédés de certains médecins·

En ce qui concerne le tarif officiel fixé par l'arrêté ministériel du 30 septembre 1905, et qualifié de MÉDICAL, disons tout d'abord que CHIRURGICAL aurait été mieux, surtout si, au sein de la Commission, des chirurgiens avaient représenté le corps médical.

C'est assurément à la présence de médecins non spécialisés, s'occupant de médecine générale, que l'on voit à la base du tarif la visite comme l'intervention la plus simple du médecin auprès du blessé, alors qu'il aurait été logique d'inscrire le PANSEMENT comme constituant l'acte chirurgical le plus effectué par le praticien auprès du blessé. D'ailleurs, certains tarifs d'assistance médicale gratuite, spécialement établis en vue des accidents, prennent comme point de départ le pansement. Nous pouvons donc dire que

cette idée a déjà reçu une application et c'est à souhaiter
que la Commission ministérielle du tarif s'en inspire au
moment où elle révise le tarif.

Cette première observation faite, il s'en présente immédiatement une seconde.

Pour un profane, prenant connaissance du tarif ministériel, il semble que ce dernier n'est pas excessif comme prix,
étant donné le coût de la visite, lequel varie selon les loca-
lités de 1 fr. 50 à 2 fr. 50 ; mais, dans l'application, rarement
le prix de la visite est compté isolément, car, en matière
de lésion et de blessure, le médecin ne fait pas à propre-
ment parler de visite, il panse la blessure, il fait une opération chirurgicale, il masse.

Or, si l'on poursuit la lecture du tarif, on voit immédiatement que, à raison précisément de l'acte chirurgical
accompli nécessairement par le médecin au cours de sa
visite, le coût de cette dernière se multiplie immédiatement
par un coefficient variable, de telle sorte que la visite du
médecin ne coûte plus le prix fixé à l'origine de 1 fr. 50 à
2 fr. 50 ; mais, un multiple de ces mêmes sommes, à telle
enseigne que, pour ne prendre que Paris, par exemple, tout
médecin qui visite un ouvrier blessé et fait, au cours de sa
visite, soit un pansement, soit un massage, ce qui est le
cas le plus fréquent, a droit, pour cette intervention, à un
honoraire égal à trois fois le prix de la visite, soit 7 fr. 50,
prix supérieur à celui que le médecin exige de la clientèle
ouvrière. On voit donc déjà que le tarif ministériel est un
tarif cher dans son application ; il devient fréquemment
fort onéreux à cause des abus auxquels il donne prise trop
facilement et qui sont aujourd'hui de notoriété publique.

En effet, le grand défaut du tarif ministériel est de ne
tenir aucun compte de la situation toute particulière dans
laquelle se trouve le patron ou son assureur ; ce dernier
a simplement le rôle de payeur ; il ne peut se rendre compte
si les interventions du médecin ont eu réellement lieu, en
quoi elles ont consisté, il n'a aucun moyen pour se ren-
seigner et le contrôle que l'article 4 de la loi du 9 avril
1898, modifié par celle du 31 mars 1905, a inauguré, est

absolument inefficace à raison de la procédure exigée pour que le médecin de l'assureur ou du patron puisse arriver auprès du blessé.

Le médecin n'étant pas contrôlé, n'ayant pas à craindre que le client lui reproche ses nombreuses visites, ses coûteuses interventions, ne se laisse inspirer que par l'attitude de son malade lequel à son tour, n'ayant pas à solder la note et se figurant (c'est une mentalité que l'on rencontre actuellement dans le monde ouvrier) et se figurant, disons-nous, que, plus le médecin le voit, plus vite il guérira ; qu'au surplus, il n'est pas absolument désagréable d'augmenter le coût de son accident, étant donné que c'est le patron ou l'assureur qui le paie, l'ouvrier se montre exigeant et on est arrivé dans la pratique à ce résultat, c'est que tout accident, si bénin soit-il, exige l'intervention journalière du médecin.

Nous avons parlé, dans les pages qui précèdent, des *médecins marrons*. Ceux-ci paraissent avoir mérité cette épithète surtout parce qu'ils font le racolage du blessé par tous les moyens possibles ; mais, les médecins ordinaires qui ne recherchent pas spécialement l'ouvrier blessé, mais l'acceptent, ne diffèrent guère des médecins marrons lorsqu'ils confectionnent leurs notes d'honoraires. Comme les premiers ils ont vu ou prétendu voir le blessé chaque jour et la note d'honoraires qu'ils présentent ne diffère guère de celles qui sortent des officines où l'exploitation du blessé est devenue, pour certains médecins spécialistes, un nouveau moyen de faire fortune.

De simples déclarations en la matière ne sauraient suffire et il est bon de les appuyer de quelques exemples ; au surplus, ceux-ci sont faciles à trouver :

1° *Observation*. — Un ouvrier est atteint d'une plaie contuse au front ; son chômage a duré quatorze jours, le médecin a fait pendant ces quatorze jours une visite journalière et un pansement à chaque visite ; le montant de sa note s'est élevé à 70 francs. En fait, le médecin n'avait pas fait de visites, l'ouvrier s'était rendu chaque jour à sa consultation et quand le fait a été découvert, le médecin dont s'agit a accepté avec empressement la liquidation de sa note par une somme de 24 fr. 50, avouant ainsi la fraude et l'exagération de la première note fournie.

2° *Observation.* — Un ouvrier est atteint d'une plaie au médius droit, chômage seize jours, quinze pansements ; la note du médecin s'élève à 64 francs, mais le docteur accepte amiablement 38 francs.

Comme on le voit, les petits accidents qui seraient suffisamment soignés à l'aide de pansements effectués par le pharmacien ou par le blessé lui-même, sur indication, et qui, sans la loi, c'est-à-dire dans l'hypothèse où l'ouvrier aurait à se soigner à ses frais, ne donneraient lieu qu'à des frais très minimes, ceux du pharmacien très probablement, sont le cas, avec le régime actuel, d'un abus de frais qui se représente à chaque instant, ledit abus élevant considérablement les charges de la loi de 1898.

A remarquer aussi que les pansements effectués, même lorsqu'il n'y a pas plaie, mais simplement contusion, sont toujours des pansements dits « antiseptiques complets » et, comme tels, donnant lieu à un honoraire beaucoup plus élevé.

Autre remarque encore : ces pansements ne sont pas seulement effectués chaque jour, mais ils ne cessent qu'à la veille même de la reprise du travail par l'ouvrier, comme si le traumatisme avait disparu pour ainsi dire instantanément, au cours d'une nuit.

3° *Observation.* — Un ouvrier est atteint d'une légère foulure du poignet droit et de quelques écorchures :

Le chômage qui aurait dû être de dix jours environ a duré quatre-vingt-deux jours ; il est vrai que l'ouvrier était atteint d'étylisme ; mais, aussi le médecin a compté chaque jour un pansement ou une consultation ; il semble que pour la lésion dont cet ouvrier était atteint, il fallait du massage ou effectuer des pansements sur les écorchures : or l'ouvrier n'a pas été massé et il a été constaté, à plusieurs reprises, que pendant les quatre-vingt-deux jours, il avait eu la main rarement enveloppée ; le total de la note s'est élevé à 216 francs.

Les *frais pharmaceutiques* suivent la même gradation que les frais médicaux :

Exemple :

Il s'agit d'une contusion de la jambe droite, le médecin prévoit au début un chômage probable de quinze à dix-huit jours ; or, l'incapacité a duré effectivement cent trente-deux jours ; le médecin a fait vingt-trois consultations, vingt-six visites à domicile, il y a eu encore deux consultations avec un confrère, puis au cours des visites et consultations il a été effectué trente-neuf pansements pour lesquels la note du pharmacien s'est élevée à 190 fr. 65 ; si l'on ajoute, d'autre part, à cette somme les frais médicaux, le coût total des frais s'est élevé à 493 fr. 65, et il s'agissait d'une simple plaie contuse à la jambe causée par la chute d'un moellon.

4° *Observation.* — Encore une plaie contuse au pouce, pas d'abcès, la durée du chômage est de quarante et un jours ; il y a eu vingt-quatre consultations et pansements, puis dix petits pansements, au total 124 francs d'honoraires.

5° *Observation.* — Pour une contusion du thorax ayant entraîné un chômage de vingt-trois jours le docteur a fait d'abord sept visites avec pansements antiseptiques (!), puis deux séances de massages, le total de la note est de 98 fr. 50.

Pourquoi des pansements antiseptiques au début ?

D'ailleurs, il est à remarquer l'usage abusif des pansements, même lorsqu'ils ne sont pas nécessaires et, ensuite, leur succédant immédiatement, des massages. Depuis l'apparition du tarif ministériel, il a été impossible de consulter une note de médecin sans y trouver, après une série ininterrompue de pansements journaliers, une égale série de massages, lesquels se prolongent souvent au delà de toute mesure, même pour des cas où le massage n'est pas indispensable ou est totalement inutile.

6° *Observation.* — Il s'agit d'une simple coupure à l'index gauche, le docteur compte une ligature d'une artère collatérale, coût 30 francs, quatre pansements avec fournitures, 40 francs, deux certificats, 10 francs ; au total, 80 francs.

Il s'agit là d'une lésion banale qui, d'ordinaire, ne dure que quelques jours et pour laquelle un pansement compressif est suffisant pour arrêter l'hémorragie.

Mais, le tarif a décomposé pour ainsi dire à l'infini les gestes du médecin, de telle sorte que ce dernier a toujours un prétexte pour compter le prix d'une intervention chirurgicale, d'une opération qu'on qualifie généralement de petite chirurgie et pour laquelle néanmoins un honoraire spécial et souvent élevé est accordé.

7° *Observation.* — Section complète du petit doigt au niveau de l'articulation métacarpo-phalangienne, section complète de la deuxième phalange du pouce droit, incision de la paume de la main droite, chômage, soixante-dix jours. Pendant cet espace de temps, le médecin a trouvé le moyen de faire cent pansements décomposant le pansement général qu'il a été obligé de faire aux trois doigts en autant de pansements particuliers ; la note s'est élevée à 526 francs, mais le médecin a accepté 310 francs pour éviter un procès.

On trouve également des certificats médicaux aggravant le diagnostic. De cette façon le médecin peut justifier d'interventions importantes ; si le malade ne répond pas aux espérances du médecin, ce dernier est alors bien placé pour vanter son traitement qui a réduit la durée de l'incapacité prévue, mais si, au contraire, il peut imposer son traitement, ce dernier reste justifié par le diagnostic du début.

Voici un exemple :

8° *Observation.* — Le médecin diagnostique une luxation du cou-de-pied avec fracture sus-malléolaire du tibia. Or, il a été constaté par la radiographie que la fracture n'a jamais existé et qu'il s'est agi simplement d'une entorse tibio-tarsienne. Dans sa note, le docteur compte une réduction de fracture, une pose d'appareil, puis quarante-cinq séances de massage et d'électricité ; la note s'est élevée à 542 fr. 50 et le chômage a duré deux mois.

Non content d'avoir posé un appareil inutile pour lequel il a demandé 10 francs, le médecin compte également

10 autres francs pour l'avoir enlevé : on croirait lire un mémoire de serrurier.

9° *Observation*. — Le certificat médical porte : amputation de la troisième phalange du médius gauche. En fait, il n'y a jamais eu amputation de la phalange mais simplement une perte de substance légère qui n'a d'ailleurs donné droit à aucune rente pour incapacité permanente partielle ; le chômage a duré quarante-cinq jours, le médecin a fait vingt-six pansements antiseptiques complets, puis, la blessure étant cicatrisée, et bien que l'articulation du doigt n'ait pas été atteinte, il a fait, pour finir et compléter sa note, dix séances de massage.

Nous avons encore sous les yeux de nombreux exemples, mais nous sommes obligé de nous arrêter dans nos citations et nous résumons ainsi nos critiques.

Le grand coupable, l'auteur responsable de tous ces abus est le tarif lui-même ; ce tarif, pas plus que la loi d'ailleurs, ne permet aucun contrôle et même n'apporte aucun frein aux désirs que des médecins peuvent nourrir de tirer tout le parti possible des blessés que le hasard ou un racolage savamment organisé peut amener dans leurs cabinets. Ce contrôle est d'autant plus difficile pour l'assureur ou le patron que l'ouvrier non seulement n'est pas tenu, par la loi, de déclarer son accident, mais il n'est pas non plus obligé de faire connaître son domicile non plus que le nom et l'adresse du médecin qui le soigne.

D'autre part, le tarif a décomposé, comme nous l'avons déjà dit, les interventions du médecin en de multiples gestes.

Enfin, une presse spéciale a incité les médecins à tirer tout le parti possible de la situation favorable que venait de créer la loi de 1898 et l'apparition du tarif du 30 septembre 1905. Dans ces conditions, il n'est donc pas étonnant que des abus se soient produits et qu'il devienne excessivement coûteux de faire soigner les blessés du travail.

Pour faire encore mieux comprendre les exagérations de certaines notes médicales, nous pensons ne pouvoir mieux faire que de donner la copie textuelle d'un certain nombre de certificats.

Il y en a qui crient la fantaisie, et ce serait en diminuer la saveur que d'ajouter un seul mot à ces élucubrations médicales, dignes du xvii° siècle. Un Molière à notre époque pourrait glaner de riches épis dans un champ aussi fertile (1)... Des accidents, qui devraient se guérir rapidement, se prolongent trois mois; le chômage traîne au détriment du patron, les visites s'enflent au détriment de l'assureur.

Voici les certificats en question :

Panari à l'index droit consécutif à une piqûre.

Février	6. — Certificat et pansement. . .	4
—	7. — Pansement.	2
—	8. . . id.	2
—	9. . . id.	2
—	11. . . id.	2
—	13. . . id.	2
—	15. . . id.	2
—	16. . . id.	2
—	18. . . id.	2
—	21. . . id.	2
—	23. . . id.	2
—	25. . . id.	2
—	28. . . id.	2
Mars	2. . . id.	2

Total. 30 fr.

Piqûre septique du pouce droit.

Septembre 12. — Certificat, consultation, grand pansement.	8
13 . . . . . . id.	4
—	14 . . . . . . id.	4
—	15 . . . . . . id.	4
—	16. — Consultation, grand pansement	6
—	17 . . . . . . id.	4

---

(1) On referait facilement la scène du *Malade Imaginaire*, acte 1ᵉʳ, scène 1ʳᵉ, où Argan, dépouillant les notes de Purgon, s'écrie : « Il faut être raisonnable, et ne pas écorcher les malades. »

Septembre 18. — Grand pansement 4
—   20 . . . . id. 4
—   22 . . . . id. 4
—   24. — Petit pansement. 2
—   26 . . . . id. 2
—   28 . . . . id. 2
                                     Total. 48 fr.

Contusion de la tête et foulure du poignet droit.

Janvier 2. — Certificat et consultation. . 4
—   3. — Pansement massage. . . . 4
—   4. . . . . . id. 4
—   5. . . . . . id. 4
—   6. — Massage. 2
—   7. . . . . . id. 2
—   8. . . . . . id. 2
—   9. . . . . . id. 2
— 10. . . . . . id. 2
— 11. . . . . . id. 2
— 12. . . . . . id. 2
— 13. . . . . . id. 2
— 14. . . . . . id. 2
— 15. . . . . . id. 2
Fournitures: 8 boîtes gaze hydrophile à 0,40 3.20
             2 paquets de coton à 0,70 . . 1.40
                                Total. 40 fr.60

Hydarthrose traumatique du genou gauche.

Janvier 18. — Consultation. 2
—   Certificat 2
—   Pansement 4
—   20   id. 4
—   24   Consultation 2
—   24   Massage électrique et élec-
                trisation jambe 4
—   25. . . . . id. 4
—   27. . . . . id. 4
—   28. . . . . id. 4
—   29. . . . . id. , ... 4
—   30. . . . . id. 4
—   28. .Consultation. 2
—   30. . . id. 2
                                 Total. 42 fr.

Plaie contuse de la paume de la main droite.

Septembre	21.	Consultation,certificat,petit pansement.	6
—	22.	id.	2
—	23.	id.	2
—	24.	id.	2
—	25.	id.	2
—	26.	id.	2
—	27.	id.	2
—	28.	id.	2
—	29.	id.	2
—	30.	id.	2
Octobre	1.	id.	2
—	2.	id.	2
—	4.	id.	2
—	5.	id.	2
—	6.	id.	2
—	7.	id.	2
—	9.	id.	2
—	11.	id.	2
—	12.	id.	2
		Total.	42 fr.

*Plaie du quatrième doigt de la main gauche et de la
pàume de la main avec lymphangite.*

Janvier	14.—	Consultation,pansement antiseptique complet	6
—	15.	id.	6
—	16.	id.	6
—	17.	id.	6
—	18.	id.	6
—	19.	id.	6
—	20. —	Consultation	2
—	22.—	Consultation, pansement antiseptique complet	6
—	24.	id.	6
—	26. —	Consultation	2
—	28.—	Consultation,pansement antiseptique complet	6
—	31.	id.	6
		Total. . . fr.	64

Large plaie superficielle infectée de la face dorsale du poignet gauche au niveau de la styloïde cubitale. Petite adénite susépitrochléenne et axillaire.

Février 22. — Certificat. 2
—   Consultation. 2
—   Pansement de la plaie 4
—   Pansement de tout le bras 4
—   23. . . . . id. plaie 4
—   24. . . . . id. bras 4
—   25. . . . . id. poignet 4
—   27. . . . . id. . id 4
—   29. . . . . id. . id 4
Mars   2. . . . . id. . id 4
Février 27. — Consultation 2
Mars   4. . . id. 2

Total. . . fr. 40

Contusion du genou et contusion lombaire.

Février 8. — Ventouses scarifiées aux lombes et grand pansement compressif du genou. Certificat 8
—   9. — Ventouses sèches et grand pansement compressif. 6
—   10. . . . . id. 6
—   11. . . . . id. 6
—   12. . . . . id. 6
—   13. — Consultation, massage lombaire et grand pansement du genou. 6
—   14. . . . . id. 6
—   15. . . . . id. 6
—   16. . . . . id. 6
—   17. . . . . id. 6
—   18. . . . . id. 6
—   19. — Consultation et massage du genou seul 6
—   20. . . . . id. 4
—   21. . . . . id. 4
—   23. — Consultation id. 6
—   25. . . . . id. 4
—   27. . . . . id. 4
—   29. . . . . id. 4
Mars   2. . . . (illisible) 6
—   4. . . . (illisible) 4

Mars	6. — Consultation.	. . . .	4
—	8. . . . . id.	. , ...	4
—	10. . . . . id.	. . . .	4
—	12. . . . . ?	. . . .	6
—	14. . . . . id.	. . . .	4
—	16. . . . . id·	. . . .	4
—	18. . . . . id.	. . . .	4

Total. . . . . fr. 140

Entorse au genou.

Juillet	3. — Visite et certificat.	. . . . .	7
—	4. — Visite.		2
—	5. . . . id.		2
—	10. — Visite et massage.		4
—	11. . . . id.		4
—	12. . . . id.		4
—	13. . . . id.		4
—	15. . . . id.		4
—	16. . . . id.		4
—	17. . . . id.		4
—	18. . . . id.		4
—	19. . . . id.		4
—	20. . . . id.		4
—	22. . . . id.		4
—	23. . . . id.		4
—	24. . . . id.		4
—	25. . . . id.		4
—	26. . . . id.		4
—	27. . . . id.		4
—	29. . . . id.		4
—	30. . . . id.		4
—	31. . . . id.		4
Août	1. . . . id.		4
—	2. . . . id.		4
—	3. . . . id.		4
—	5. id. pointe de feu.		4
—	6. id. . massage		4
—	7. — Visite et massage.		4
—	8. . . . id.		4
—	9. . . . id.		4
—	10. . . . id.		4
—	12. . . . id.		4
—	13. . . . id.		4
—	14. . . . id.		4
—	16. . . . id.		4

Août	17. — Visite et massage.	4
—	19. . . . id.	4
—	20. . . . id.	4
—	21. . . . id.	4
—	22. . . . id.	4
—	23. . . . id.	4
—	24. . . . id.	4
—	26. . . électricité.	4
—	27. . . massage	4
—	28. . . électricité.	4
—	29. . . massage	4
—	30. . . électricité.	4
—	31. . . massage	4
Septembre	2. . . électricité	4
—	3. . . massage	4
—	4. . . électricité	4
—	5. . . massage	4
—	6. . . électricité.	4
—	7. . . massage	4
—	9. . . électricité	4
—	10. . . massage	4
—	11. . . électricité.	4
—	12. . . massage	4
—	13. . . électricité.	4
—	14. . . massage	4
—	16. . . électricité.	4
—	17. . . massage	4
—	19. . . électricité.	4
—	22. . . massage	4
—	24. . . électricité.	4
—	26. . . massage	4
—	28. . . électricité.	4
Octobre	1. . . massage	4
—	3. . . électricité.	4
—	5. . . massage	4

Total   279 fr.

Plaie par exérèse de l'extrémité de l'index gauche.

Octobre	24.—Consultation, certificat, pansement	8
—	25. — Pansement	2
—	26. . . id.	2
—	28. . . id. . et consultation .	4
—	29. . . id. . . . id. . . .	2
—	30. . . id. . . . id. . . .	2
—	31. . . id. . . . id. . . .	2

Novembre	2. — Pansement et consultation. .		4
—	3. . . id. . . . id. . . .		2
—	6. . . id. . . . id. . . .		4
—	7. . . id. . . . id. . . .		2
—	8. . . id. . . . id. . . .		2
—	9. . . id. . . . id. . . .		4
—	11. . . id. . . . id. . . .		2
—	13. . . id. . . . id. . . .		2
—	15. — Massage électrique, électrisation		4
—	16. . . id. . . . id. . . .		2
—	18. . . id. . . . id. . . .		2
—	20. . . id. . . . id. . . .		4
—	22. . . id. . . . id. . . .		2
—	23. . . id. . . . id. . . .		4
—	30. . . id. . . . id. . . .		4
Décembre	4. . . id. . . . id. . . .		2
—	6. . . id. . . . id. . . .		4
—	7. . . id. . . . id. . . .		2
—	11. . . id. . . . id. . . .		4
	12. — Massage électrique électrilisation.		2
—	12. — Amputation phalangette. . .		20
—	12. — Aide		5
—	12. — Anesthésie		4
—	12. — Pansement		4
—	13. . id.		2
—	14. . id.		2
—	16. . id. . . . et consultation. .		4
—	18. . id. . . . . id. . . .		2
—	19. . id. . . . . id. . . .		2
—	21. — Massage électrique, électrisation		4
—	24. . id. . . . . id. . . .		2
—	28. . id. . . . . id. . . .		4
—	30. . id. . . . . id. . . .		2
—	31. . id. . . . . id. . . .		4
Janvier	2. . id. . . . . id. . . .		2
—	4. . id. . . . . id. . . .		4
—	6. . id. . . . . id. . . .		2
—	8. . id. . . . . id. . . .		4
—	10. . id. . . . . id. . . .		2
—	18. . id. . . . . id. . . .		4
Décembre	19. — Visite avec médecin de la Compagnie d'assurances. . .		4
—	— Certificat d'incapacité permanente et partielle		5
		Total	168 fr.

III

Remèdes à la législation existante.

Examen fait de la loi sur les accidents, des fraudes qu'elle entraîne, et des tarifs et certificats médicaux, il s'agit de trouver des remèdes efficaces, de façon à arrêter les abus, donner cependant satisfaction aux victimes, fournir aux patrons des règlements équitables et permettre aux compagnies d'assurances de continuer leurs opérations: ce sera la dernière partie de notre travail.

1° Suppression du libre choix du médecin.

En première ligne se pose la question pour ainsi dire de principe *du libre choix du médecin*, qui est une des bases fondamentales de la loi de 1898. Supprimer le libre choix du médecin, s'écrient les syndicats médicaux, clament les syndicats ouvriers! mais c'est là une atteinte formelle à la liberté individuelle! les médecins des compagnies seront tout-puissants, le patronat agira à sa guise, les indemnités seront dérisoires, il y aura une sorte de monopole médical, absolument contraire aux principes de libéralisme de notre temps. Cependant, en présence de la progression formidable, ininterrompue, des frais médicaux et des exactions des médecins marrons, en présence des charges de l'industrie française, bien des esprits sont portés à se demander si le législateur n'a pas fait fausse route lorsqu'il a décrété le libre choix. Ceux mêmes qui consentent à le laisser subsister, proposent du moins la révision du tarif du 30 septembre 1905 ; nous y reviendrons tout à l'heure. Disons tout d'abord que la suppression du libre choix, dans des conditions à peu près identiques à celles admises par les législations allemandes, belges et italiennes, nous paraît parfaitement acceptable et offrir plus de garanties, aussi bien pour la victime de l'accident que pour le patron responsable, que les médecins de hasard qui soignent les blessés, sans avoir fait de sérieuses études médicales. Voici comment on pourrait procéder, et le texte que nous soumettons servirait d'indication à un texte législatif :

Article premier. — L'ouvrier blessé doit accepter les soins de l'organisation médicale qui lui est offerte par le patron.

Art. 2. — Cette organisation, pour être obligatoire, devra comporter :

1° Dans les villes où existe un hôpital déjà établi par l'Assistance publique, le département ou la commune :

La mise à la disposition de l'ouvrier par le patron d'un nombre de médecins, entre lesquels pourra choisir l'ouvrier, égal au tiers du nombre des médecins résidant dans la ville sans toutefois qu'il puisse être exigé que le nombre des médecins proposés dépasse 3.

Et en outre, la déclaration du patron que l'hôpital de l'Assistance publique, du département ou de la commune, met des places à la disposition de ses ouvriers blessés.

2° Dans les villes où n'existe pas d'hôpital de l'Assistance publique, du département ou de la commune :

La désignation aux ouvriers par le patron d'un nombre de médecins entre lesquels pourra choisir l'ouvrier, égal au tiers du nombre des médecins résidant dans le canton, sans toutefois qu'il puisse être exigé que le nombre des médecins proposés dépasse 3.

Ou bien, la mise à la disposition des ouvriers d'un local situé dans la commune et dans lequel se trouveront les objets de premier pansement et pourront être donnés les premiers secours, en attendant l'arrivée du médecin ou le transport du blessé à son domicile ou à l'hôpital, avec la désignation d'un médecin résidant dans le canton.

Ces postes de secours devront comporter une personne munie soit d'un diplôme d'infirmier, soit d'un certificat de stage d'au moins un mois dans un hôpital, et qui soignera sous la responsabilité du médecin désigné par le patron.

Chaque poste de secours pourra être commun aux entreprises ou exploitations sises dans la même commune.

Art. 3. — Le patron devra déclarer à la mairie :

Dans le premier cas prévu à l'article 2 :

Les noms des médecins par lui désignés en produisant leur acceptation écrite ;

L'hôpital qui, par convention, accepte de recevoir ses blessés.

Dans le second cas prévu à l'article 2 :

Les noms des médecins par lui désignés en produisant leur acceptation écrite ;

Ou bien, le lieu où est établi le poste de secours, le nom de la personne qui en assure le fonctionnement et le nom du médecin désigné.

Récépissé sera délivré au déclarant.

Art. 4. — Le maire transmettra la déclaration à la préfecture qui pourra contrôler :

Dans le premier cas prévu à l'article 2 :

L'acceptation des médecins désignés, leur résidence dans la ville et leur nombre ;

L'acceptation de l'hôpital.

Dans le second cas prévu à l'article 2 :

L'acceptation des médecins désignés, leur résidence dans le canton et leur nombre;

Ou bien, la conformité du poste de secours aux conditions requises et l'acceptation du médecin désigné.

A défaut d'opposition signifiée par l'autorité préfectorale au maire et au déclarant dans la quinzaine à dater de la déclaration, l'organisation sera tenue pour régulière et inscrite d'office sur un registre spécial déposé à la mairie où il pourra être communiqué à tous intéressés.

Les voies de recours ordinaires sont ouvertes au déclarant qui contesterait le bien-fondé de l'opposition administrative.

L'ouvrier blessé aura la faculté de refuser les soins de l'organisation médicale approuvée, à charge par lui de démontrer qu'elle ne remplit pas les conditions ci-dessus requises.

Le Tribunal civil de l'arrondissement dans lequel se trouve l'organisation médicale statuera sur le refus de l'ouvrier, sauf appel dans les délais prévus par la loi du 9 avril 1898.

2° Des modifications légales en cas de maintien du libre choix du médecin.

Si on croit devoir maintenir le libre choix du médecin, plusieurs remèdes auraient une efficacité certaine, tout en ne portant pas atteinte aux principes essentiels de la loi de 1898.

En premier lieu s'inscrit le *tarif forfaitaire fixe*. Bon nombre de médecins s'élèvent contre ce tarif qui, dans beaucoup de cas, ne peut rémunérer le traitement qu'ils sont obligés de donner aux blessés. Il paraît possible de faire disparaître les défectuosités du forfait en le rendant progressif : tant comme honoraires pour incapacité de travail de un à dix jours, tant de dix à vingt jours, tant de vingt à trente jours, etc. Ce système, appliqué en Belgique, fonctionne parfaitement à l'entière satisfaction de tous les intéressés.

Au cas où ce remède radical semblerait en France d'une application difficile, un moyen susceptible d'atténuer le virus social que nous avons signalé résiderait dans la *révision du tarif du* 30 *septembre* 1905. Il y a là des sources d'abus interminables : les massages qui donnent droit à un honoraire égal à trois fois le prix de la visite ou de la consultation, les honoraires différents pour les petits et les grands pansements, le cumul de la visite et du massage, etc. (1). On a vu, dans les pages précédentes, les comptes fantastiques auxquels s'élèvent certains traitements. Le tarif ne doit plus constituer une excitation à l'exagération des massages et des pansements : il faut qu'il fixe un nombre maximum de massages ou de pansements, selon la nature des lésions ; au delà de ce maximum, l'avis d'un expert s'imposerait ; il doit interdire le cumul de la visite et du massage, et conserver un honoraire égal à une consultation, en cas de

---

(1) Voir la brochure du Dr Petitjean, Arthur Rousseau, éditeur, Paris, 1908.

pansement simple, sans cumul avec les autres honoraires. Par contre on pourrait, dans certains centres, à Paris notamment, porter le prix de la visite de 2 fr. 50 à 3 francs.

Le médecin qui soigne un client ordinaire n'est jamais assuré de recevoir le paiement de ses soins, tandis que celui qui traite un assujetti à la loi de 1898 a la certitude de toucher ses honoraires ; il a un recours non seulement contre un client plus ou moins solvable, mais encore contre son patron et son assureur, dont la solvabilité, dans cette dernière hypothèse, est absolument certaine : le contrôle de l'État répond de la solvabilité des compagnies d'assurances. Il y a là une sorte de privilège qui doit entraîner pour le médecin l'obligation de n'en pas abuser. Comme garantie, la conscience du médecin, ne constituant qu'une garantie morale, la garantie effective résiderait dans la constitution d'un *ordre de médecins,* analogue à l'ordre des avocats. Ce serait une sorte de conseil de discipline, armé de droits, de pouvoirs indépendants de ceux conférés par la loi de 1884 aux syndicats. Il punirait le racolage, les certificats inexacts, les abus de visites, les honoraires exagérés, par la réprimande, la suspension temporaire, la suspension définitive. A peu de choses près, ce serait une organisation existant comme dans plusieurs grandes villes allemandes, et fonctionnant parfaitement, à l'entière satisfaction de leurs membres et des industriels. Partout où elles existent, les médecins marrons sont inconnus (1).

Autre garantie : la *constitution de commissions arbitrales,* composées de représentants des médecins, des industriels, et des assureurs. Elles auraient l'avantage de réduire les frais d'expertise, et centraliseraient les réclamations en matière d'honoraires. Le Syndicat de la Seine et l'Union des syndicats médicaux de France en ont adopté le principe. On a prétendu que les Compagnies d'assurances s'étaient montrées hostiles à l'établissement de ces commissions ; il y a là une erreur qu'il est important de détruire.

---

(1) Médecins et accidents du travail en Allemagne, par Édouard Fuster, *Aide social,* numéro du 31 octobre 1907.

Les propositions en matière d'arbitrage avaient été précédemment faites en spécifiant un tribunal arbitral uniquement composé de médecins. Une pareille condition était inacceptable, et les médecins eux-mêmes l'ont reconnu, puisque leurs dernières démarches ont eu pour but de proposer des commissions d'arbitrage mixte, c'est-à dire composées d'assureurs, d'industriels et de médecins, avec un président alternativement médecin, industriel ou assureur (1). Dans ces termes, rien ne s'oppose à la constitution des commissions en question.

Le *concours du médecin habituel* de la victime, dans le cas où elle en serait pourvue, pourrait présenter certains avantages. Il connaîtrait le tempérament du blessé, saurait sa force de résistance, donnerait parfois des renseignements utiles au point de vue héréditaire. Il y aurait lieu d'exiger son concours, dans cette dernière hypothèse.

3° De l'examen médical avant l'embauchage.

On s'est demandé si *un examen médical avant l'embauchage*, ainsi qu'il est d'usage dans les établissements de l'État, et autres établissements privés, serait d'un caractère utile et éviterait sinon l'accident, du moins sa prolongation, par suite de vices du sang ou de tares de famille? La question est assez complexe, et peu commode à résoudre. Quant à l'assurance, elle pourrait y trouver avantage, en ce sens que les sinistres seraient réduits dans de notables proportions pour la durée et comme conséquence pour l'indemnité à allouer. Mais en dehors de l'assurance, l'employeur se trouverait en présence d'une difficulté réelle pour l'embauchage; maints ouvriers peuvent être atteints de maladies qui ne sont pas un obstacle au travail, mais, au point de vue médical, sont considérées comme des tares. Dès lors l'embauchage, déjà si pénible, se recruterait avec

---

(1) *Moniteur des assurances,* numéro du 15 mars 1908, page 117.

encore plus d'embarras. D'autre part, l'employé n'est guère enclin à s'embaucher dans une entreprise où l'on met à nu ses plaies physiques ; ce fait-là peut entraver la demande de main-d'œuvre. Nous estimons, en ce qui nous concerne, que l'examen médical, tout à fait justifié en matière d'assurance-vie, n'est pas applicable en cas d'accidents du travail, et porterait une perturbation dans la question déjà si ardue de l'embauchage (1).

4° De la déclaration en matière d'accident.

La *déclaration de l'accident* doit être faite par le blessé lui-même ; c'est là une modification que l'on réclame depuis longtemps à la loi de 1898. Dès le principe elle avait admis la déclaration par le chef de l'entreprise, déclaration faite dans les quarante-huit heures, à la mairie, où procès-verbal est dressé. Les modifications apportées par la loi du 22 mars 1902 ont consisté dans la suppression des certificats médicaux, estimés établis trop souvent dans l'intérêt des patrons et des assureurs, et dans la déduction des jours fériés pour le délai de quarante-huit heures. Mais la loi de 1902, comme celle de 1898, a maintenu la déclaration par le chef de l'entreprise, tout en laissant à la victime de l'accident la faculté de faire elle-même sa déclaration, dans les mêmes conditions que le chef d'entreprise (art. 11).

Pourquoi la loi exige-t-elle la déclaration par le patron, qu'elle punit du reste d'une amende de 1 à 15 francs en cas des contravention (art. 14), sans lui donner le moyen d'avoir connaissance de l'accident ? Il est toujours *présumé* le connaître ; c'est là une singulière anomalie, spéciale à notre pays, et qui n'est pas reproduite par les législations des

---

(1) Il serait préférable d'améliorer les conditions hygiéniques, aussi bien dans les demeures privées que dans les ateliers ; on éviterait mieux les germes de tuberculose et d'alcoolisme de cette manière que par tous les examens médicaux.

autres nations. Au contraire l'Angleterre (loi 30 juin 1900), la Suède (loi 24 avril 1901), le Canada (loi du 21 juin 1902), exigent formellement que l'entrepreneur ait une connaissance absolue de l'accident survenu au blessé, pour que ce dernier puisse intenter l'action en indemnité.

En France, l'ouvrier, n'étant point tenu de déclarer l'accident dès que celui-ci se produit, échappe à tout contrôle, et la facilité avec laquelle il trouvera les témoignages nécessaires rend bien fragile le rempart que pourrait constituer l'obligation de la preuve. Il est toujours aisé de mettre sur le compte d'un accident d'atelier une hernie récente, un lumbago, ou bien encore une coupure ou une piqûre lorsque survient à la suite un phlegmon. Quelques décisions récentes mettent en évidence la fraude que permet l'insuffisance des lois de 1898 et de 1902.

Le tribunal du Havre (10 avril 1906) condamne à quatre mois de prison un ouvrier qui, après s'être laissé tomber entre les brancards de sa brouette, avait, muni d'un certificat de médecin, fait valoir une blessure au genou reconnue ancienne. Le tribunal de Marseille (26 avril 1906) condamne à trois mois de prison quatre ouvriers qui avaient simulé des accidents de travail en invoquant des blessures faites en réalité par des corrosifs, acide nitrique, acide sulfurique. La Cour de Rouen (26 mai 1906) condamne à trois mois de prison un ouvrier pour avoir simulé une blessure.

Nous estimons que, sauf le cas de force majeure, c'est à la victime à faire elle-même la déclaration de son accident, et à en aviser le patron. Cette déclaration doit être faite dans le plus bref délai possible; le délai de quarante-huit heures doit constituer un maximum. Et ce n'est qu'à partir du moment où le patron a eu connaissance de l'accident, par la déclaration de son ouvrier, qu'il est tenu d'en informer le maire de sa commune.

5° Les systèmes à l'étranger en matière d'accidents du travail.

Examinons à présent *les systèmes appliqués à l'étranger,* qui soumettent les blessés à un traitement obligatoire dans des établissements spéciaux.

Le 13 mars 1908, le Gouvernement italien a présenté aux Chambres un projet de loi ayant pour but de réformer les abus constatés dans la loi sur les accidents du travail. Il y a là un sentiment de loyauté assez rare dans un Gouvernement pour qu'on le signale, et pour qu'on essaie d'introduire en France les principes que le projet consacre (1).

En matière de procédure, le projet estime que la majeure partie des contestations concernant les accidents du travail requièrent une compétence technique ; il recommande donc la constitution d'*une commission judiciaire spéciale* au chef-lieu de chaque province. Chaque commission serait composée du président du tribunal civil, de l'ingénieur en chef du département et du médecin provincial. La commission ordonne la comparution des parties et procède à l'examen des blessés ; elle ne recourt aux experts qu'à titre tout à fait exceptionnel. Elle rend des sentences, exécutoires sans appel. En cas d'erreur, la partie lésée peut intenter la procédure de révocation. C'est là un système simple, rapide, économique et équitable ; il est moins compliqué que le projet en France des commissions arbitrales.

Le projet ne se borne pas à l'institution de cette nouvelle procédure. Il s'efforce de mieux garantir la juste liquidation des indemnités et de lutter, par des sanctions appropriées, contre l'intervention des professionnels déshonnêtes qui troublent et compromettent la loyale application de la loi.

Il impose aux ouvriers victimes d'accidents trois obli-

---

(1) Voir la Réforme de la loi italienne des accidents, par *M. E. Fuster, Etudes professionnelles,* numéro du 15 avril 1908.

gations connexes : 1° L'ouvrier doit se soumettre aux visites du contrôle que l'assureur croit opportun de faire faire, à ses propres frais, par un médecin ayant sa confiance. 2° La victime est obligée d'entrer, à la requête et aux frais de l'assureur, dans les instituts médicaux ou cliniques indiqués par celui-ci, afin qu'il puisse faire estimer les conséquences de l'accident. 3° L'ouvrier doit s'astreindre aux traitements qui, sans danger pour son existence et sans inconvénient pour sa santé, peuvent atténuer les effets de l'accident sur sa capacité de travail ; il est tenu d'entrer dans un hôpital à la requête et aux frais de l'assureur, quand l'infirmité, par sa nature, exige un traitement impossible à donner convenablement dans la famille du blessé.

Les deux premières obligations ont pour but d'éviter les simulations et les tendances à exagérer et à prolonger les suites de l'accident. La dernière cherche à combler une lacune de la loi relative aux soins ultérieurs ; ceux-ci, pour être vraiment efficaces, doivent tendre non seulement à la guérison anatomique de la lésion, mais encore à la guérison fonctionnelle du membre blessé, de telle sorte que la victime puisse recouvrer sa capacité primitive de travail.

Les sanctions, contre ceux qui opposeront un refus injustifié aux invitations adressées par l'assureur en vue du traitement, consisteront dans la suspension du paiement de l'indemnité ou dans la réduction du montant de celle-ci. Le projet estime qu'il est nécessaire de frapper l'ouvrier qui use de la fourberie et de la fraude, au grand dommage de l'assureur et de l'industriel, pour toucher une indemnité qui ne lui est pas réellement due ou qui doit être inférieure à celle qu'il cherche à atteindre.

Le projet de loi se montre sévère, avec raison, à l'égard de l'intervention des intermédiaires. « Ce sont eux, est-il dit dans l'exposé des motifs, qui agissent sur l'esprit des ouvriers pour les pousser à faire des procès, alors que l'entente amiable serait possible avec l'assureur ; ce sont eux qui les font affronter ces litiges téméraires, avec l'espoir que l'assureur, pour éviter de supporter totalement ou en partie les frais d'un procès, même gagné, se décidera à une

transaction. » La loi italienne, en la circonstance, s'est ins-
pirée d'une proposition de loi déposée sur le bureau de la
Chambre des députés, en France, par M. Charles Leboucq,
le 19 novembre 1906. Mais à la différence du projet français qui impose seulement certaines conditions administra-
tives, elle inflige des pénalités judiciaires relativement
lourdes. Elle punit d'une amende de 20 à 300 lires, et en
cas de récidive, d'une amende de 300 à 2.000 lires, les
intermédiaires et même ceux qui ont indiqué des intermédiaires. Les médecins qui, dans leurs certificats, ont
sciemment aggravé ou atténué les conséquences de la
blessure, sont punis d'amendes de 200 à 2.000 lires.

Telle est la structure du projet italien ; il était nécessaire,
en présence de l'émotion qui s'était emparée de l'opinion,
et ce sera l'honneur du Gouvernement du Quirinal qu'il ait
tenté un assainissement jugé utile par tous.

..

En Allemagne le système médical ne fonctionne pas
de la même manière que dans notre pays. Nous allons
l'analyser succinctement, en nous inspirant de l'excellent
article de M. Fuster, déjà signalé plus haut (1).

Pendant les treize semaines qui suivent l'accident, c'est
la *caisse de maladie* qui a la charge du blessé, sorte de
mutualité ouvrière, subventionnée par les patrons. La
cotisation se compose pour les deux tiers d'un prélèvement
sur le salaire de l'ouvrier et pour le tiers de la subven-
tion patronale. C'est donc pour la plus grande partie aux
frais des ouvriers que vont être pendant ces treize semaines soignés les accidentés.

Quand l'accident se produit, l'ouvrier, en ce qui concerne
le médecin, est en présence de deux hypothèses.

Première hypothèse. — Il prend un médecin qui fait partie de l'association médicale, qui a traité avec la Caisse
générale de maladies. Celle-ci, avisée le jour même par le

____

(1) Médecins et accidents du travail en Allemagne, *Aide sociale*, numéro du
31 octobre 1907, Rousseau, éditeur, Paris.

médecin, vérifie si le blessé est membre de la Caisse, et des soins lui sont donnés sans retard. Les consultations, visites, pansements sont pris en note par le médecin qui les indique à son association. Le règlement se fait entre l'association médicale et la Caisse de maladie. Celle-ci a en effet déposé dans une banque, au crédit de l'association médicale, autant de fois 4 marks (5 fr.), qu'elle a de membres. L'association n'a qu'à toucher à cette banque, sur avis de la Caisse de maladie, et à répartir les sommes entre ses membres au marc le franc.

Seconde hypothèse. — La Caisse de maladie n'admet pas le libre choix du médecin. Elle divise le territoire où elle opère en circonscriptions comprenant 1.000 à 1.200 membres de la Caisse, et chacune pourvue d'un médecin. C'est à lui que les membres de la circonscription sont tenus de s'adresser, en cas d'accident. Par contrat avec la Caisse, chaque médecin a 4 marks (5 fr.), par membre et par an, à titre de forfait.

Bien entendu, à la fin de la treizième semaine, si le blessé est encore en traitement, dans l'une ou dans l'autre hypothèse, les médecins continuent à lui donner leurs soins. Seulement ce n'est plus la Caisse de maladie qui est chargée de régler leurs honoraires, en tant qu'accident ; mais elle leur alloue leurs visites et pansements, en assimilant le blessé à un malade ordinaire.

Ajoutons que dans les cas de blessures sérieuses, telles que des fractures, il est d'usage dans de nombreuses régions de l'Allemagne, notamment en Westphalie, d'envoyer les blessés à l'hôpital. Les ouvriers s'y prêtent volontiers, estimant guérir plus promptement. Déjà bien des industriels ont des installations spéciales pour les transports des blessés dans les hôpitaux.

Ce système, en Allemagne, prouve que parler du *libre choix du médecin*, ce n'est pas nécessairement, comme on se l'imagine chez nous, parler du paiement de ce médecin à *la visite*. *Libre choix* et *forfait* sont deux données conciliables. Les médecins allemands ont obtenu le libre choix, avec le forfait comme correctif.

Il prouve aussi que les médecins allemands ont moralisé un régime de libre choix qui, malgré le forfait, pouvait faciliter les abus, en s'entendant pour exercer un contrôle sur les confrères qui abusent, et pour offrir aux caisses d'assurances les garanties d'une rigoureuse discipline professionnelle.

6° Suppression du ministère des avoués. Abandon en appel de l'assistance judiciaire.

Bien d'autres abus, engendrés par les dispositions défectueuses de la loi de 1898, font des industriels et des assureurs de véritables victimes. On peut signaler les abus d'enquête en justice de paix, quand il n'y a cependant pas à prévoir d'incapacité permanente ; les abus des expéditions, qui souvent ne contiennent que 5 syllabes à la ligne, au lieu de 10, comme le prescrit le décret du 16 février 1807 ; les abus commis par les avoués, principalement en province, qui, pour conserver une affaire, multiplient les incidents de procédure. Il est certains états de frais taxés qui atteignent 30 0/0 du capital constitutif de la rente allouée au demandeur (1). Les demandes en réduction de taxes sont difficiles à obtenir. Le remède radical consisterait, selon nous, dans la *suppression du ministère des avoués*, comme en matière sommaire ; leur ministère serait purement facultatif, et non point obligatoire. En définitive les accidents du travail s'appliquent à l'industrie, au commerce ; il serait normal que la même juridiction, avec les facilités mêmes, s'appliquât aussi bien aux procès en matière d'accidents qu'en matière de commerce.

Un abus encore plus grave provient de l'article 22 de la loi du 9 avril 1898, modifiée par la loi du 22 mars 1902, qui édicte que le bénéfice de l'assistance judiciaire est accordé de plein droit à la victime de l'accident ou à ses

---

(1) Villemin, *Huit années d'application de la loi sur les accidents du travail*, Paris, 1908.

ayants droit, tant en première instance qu'en appel. Grâce à cette prescription, les industriels et les assureurs ont à subir des procès qui ne reposent souvent sur aucun fondement, qui sont la plupart des procès de chantage, et qui sont en général suscités par des hommes d'affaires véreux. Ces derniers obtiennent des médecins complaisants dont nous avons parlé des certificats mentionnant, en termes imprécis, la vague possibilité d'une incapacité permanente ; ils menacent d'un procès si le chef d'entreprise ne paie point l'indemnité, et, cette indemnité payée, en conservent parfois la moitié. Le remède consiste dans l'*abandon de l'assistance judiciaire*, du moins en appel, de façon à éviter des procès que ces hommes d'affaires ont tout avantage à poursuivre, puisqu'ils n'ont aucun débours ni aucune avance à faire (1).

7° Suppression du droit à une rente pour cause de lésions permanentes de peu d'importance.

Le paragraphe 3 de la loi du 9 août 1898 porte que dans les cas prévus à l'article 1er, l'ouvrier ou l'employé a droit « pour l'incapacité partielle et permanente, à une rente égale à la moitié de la réduction que l'accident aura fait subir au salaire ». C'est là un texte très net et très précis ; néanmoins une jurisprudence s'est établie, en vertu de laquelle les tribunaux allouent chaque jour des rentes à des blessés pour lesquels l'incident bénin dont ils ont été victimes n'a entraîné aucune réduction de salaire.

Il y a là une véritable déformation de la loi, contre laquelle il importe de protester. On peut admettre certains cas où, sans commettre un véritable déni de justice, le texte littéral ne peut être observé, par exemple la perte d'un œil ; mais une exception ne doit pas constituer une

---

(1) Pour le tribunal seul de la Seine, le nombre de procès ainsi engagés sans nécessité contre les industriels n'est pas inférieur à 35 0/0 des affaires jugées.

règle générale, et c'est aller contre l'esprit de la loi que de juger unanimement que tout accident ayant occasionné une impotence fonctionnelle, si minime soit-elle, doit quand même entraîner une dépréciation professionnelle et donner droit à une rente.

Comme conséquence de cette manière de voir, les tribunaux accordent chaque jour des rentes de 10, 15, 20, 25 fr. correspondant à des impotences fonctionnelles, pour raideur d'un doigt, amputation d'une phalange, vague douleur lombaire, etc. Par suite le nombre d'incapacités permanentes partielles augmente dans des proportions effrayantes ; dans l'industrie du bâtiment l'augmentation de 1906 sur 1900 n'est pas moindre de 252 0/0 (1). Les blessés, de jour en jour mieux informés par les agents d'affaires ou les cliniques du bénéfice qu'ils peuvent en tirer, refusent de reprendre le travail sans indemnité, et y parviennent presque toujours, grâce à la jurisprudence admise.

D'autre part, il est d'usage de racheter la rente constituée. Les assureurs y trouvent avantage pour éviter les frais de procès, en vue de la constitution de la rente, et les ouvriers sont enchantés de toucher un petit capital, qu'ils dissipent aussitôt acquis.

Il faut réagir contre cette jurisprudence dangereuse, et réclamer du Ministère du Travail et du Parlement *la suppression radicale du droit à une rente pour cause de lésions permanentes* qui, vu leur peu d'importance, n'entraînent pas réduction de salaire. On devrait prendre exemple sur l'Allemagne. Las de payer des rentes à des ouvriers qui n'avaient subi aucune réduction de capacité professionnelle, les industriels finirent par convaincre l'Office impérial des assurances ; celui-ci prit des décisions radicales. Ne donnent plus droit à indemnité après accommodation la perte de deux phalanges du médius droit, la perte d'une phalange et d'une partie de la deuxième phalange du pouce gauche, l'amputation d'un doigt de la main droite, la perte d'une

---

(1) Villemin, *op. cit.*

phalange et demie du premier orteil, de deux phalanges du deuxième et d'une demie du troisième. Sans suivre à la lettre ce système, il serait bon d'en étudier les bases et d'en tirer des éléments utiles pour les employeurs et les assurances.

8° De l'indemnité due à partir du premier jour de l'accident.

Un des points de la loi sur les accidents qui a donné lieu à de nombreuses controverses, c'est celui de *l'indemnité pour les quatre premiers jours*, quand l'incapacité totale ne dépasse pas dix jours.

L'article 3 de la loi du 9 avril 1898 a été modifié par la loi du 31 mars 1905. A l'origine, en cas d'incapacité temporaire, l'indemnité n'était due qu'à partir du cinquième jour. Le législateur avait admis cette exception par crainte des abus que pouvait susciter la simulation ou l'exagération facile des courtes incapacités de travail, et aussi à raison des charges dont la multiplicité ainsi accrue menacerait l'industrie (1).

Combien il était dans la vérité ! La loi de 1905 a immédiatement provoqué, par la suppression du délai de carence de quatre jours, dans le cas où l'incapacité de travail dure plus de dix jours, les abus que craignait le législateur de 1898. On comprend la situation où se trouve l'ouvrier blessé après l'expiration des quatre ou six premiers jours, auxquels ont pu s'ajouter un ou deux jours fériés (2). Arrivé au huitième jour de son incapacité, il suppute qu'aucun intérêt ne l'incite à reprendre son travail. S'il le fait, il perd le bénéfice de l'indemnité allouée pour les quatre premiers jours, équivalente au salaire entier de deux journées de travail . Tout compte fait, il préfère attendre deux ou trois

---

(1) Voir le rapport de M. Paulet, Directeur de l'assurance et de la prévoyance sociale au Ministère du Commerce, au Congrès international des assurances sociales, en 1900.

(2) Les jours fériés, d'après la jurisprudence, entrent en ligne de compte pour le paiement de l'indemnité.

jours de plus, qui deviendront pour lui deux ou trois jours de congé payé. En présence d'un état de choses aussi nuisible aux industriels, et qui, par ses exagérations, peut entraîner les compagnies d'assurances à renoncer au paiement des petits chômages, le remède nous semble être le retour pur et simple aux dispositions primitives de la loi du 9 avril 1898. Si l'on estime qu'il est impossible de reprendre l'ancien texte, deux solutions auraient notre approbation : ou bien une nouvelle réforme légale accordant aux blessés, sans condition, le paiement de l'indemnité, dès le jour de l'accident ; ou bien le point de départ du paiement de l'indemnité du deuxième jour de l'accident, au lieu du cinquième, pour obvier le plus possible aux simulations que nous avons signalées.

IV

La loi de 1906 sur les entreprises commerciales.

Pour terminer notre étude, il ne nous paraît pas inutile de dire quelques mots de la loi du 12 avril 1906, et ensuite d'examiner très sommairement le projet relatif aux accidents en matière agricole.

La loi du 12 avril 1906 a étendu la législation sur les responsabilités des accidents du travail à toutes les entreprises commerciales. Elle a procédé par simple assimilation, sans tenir compte de la différence existant entre la condition de l'ouvrier et celle de l'employé.

Ainsi l'article 2 de la loi de 1898, modifiée par celle du 22 mars 1902, déclare que les ouvriers dont le salaire annuel dépasse 2.400 francs, ne bénéficient des dispositions de la loi que jusqu'à concurrence de cette somme. Pour le surplus, ils n'ont droit qu'au quart des rentes stipulées à l'article 3.

Par exemple au cas d'incapacité absolue permanente, un ouvrier gagnant 3.000 francs par an, a droit à une rente des deux tiers de 2.400 francs, soit 1.600 francs, plus le quart sur les 600 francs de différence, soit 150 francs. Total : 1.750 francs.

En cas d'incapacité partielle permanente, dans la même hypothèse, il a droit à une rente de 1/2 sur 2.400 francs, soit 1.200 francs, plus le quart sur 600 francs, soit au total : 1.350 francs.

Pour arriver à un salaire annuel pour l'ouvrier, il faut additionner ses journées ; bien peu en effet ont un traitement mensuel. L'employé au contraire est bien rarement engagé à la journée, il est en général payé mensuellement. C'est donc un régime de salaire qui diffère de celui de l'ouvrier ; à mode différent convient une réglementation différente. Le législateur ne paraît pas y avoir songé. Or ce qui constitue en outre pour l'ouvrier un salaire relativement élevé (2.400 fr. par an) est plutôt un salaire minime pour l'employé. Il ne serait que juste de fixer le maximum pour lui à 3.600 francs, de façon à le laisser bénéficier entièrement des dispositions de la loi et de ne le contraindre à la réduction du quart des rentes qu'au delà de ce chiffre. Nous estimons qu'en présentant la question sous ce joug, elle ne se discutera pour ainsi dire pas ; c'est un oubli dans le texte de la loi, et qu'il y a lieu de réparer (1).

Par contre, si les salaires des ouvriers ont une moyenne de 7 à 8 francs par jour, si leurs appointements, sauf des exceptions, ne dépassent guère 3.000 francs par an ; les salaires des employés sont beaucoup plus élevés. Nombreux sont-ils, dans n'importe quelle exploitation commerciale ou industrielle, où, sans parler des chefs, sous-chefs, comptables, caissiers, représentants, inspecteurs, etc., les employés ordinaires gagnent 200 à 400 francs par mois, c'est-à-dire près de 4.000 à 5.000 francs par an. Quant à l'état-major, il n'est pas rare de voir des employés gagner 6.000, 10.000, 20.000 francs par an.

---

(1) L'opinion que nous exprimons n'est pas admise par un certain nombre de Compagnies d'assurances qui estiment que le salaire à forfait de 2.400 fr. doit être maintenu aussi bien pour les ouvriers que pour les employés.

Il est bien évident que là encore le législateur ne s'est pas rendu compte du but qu'il voulait atteindre. La loi sur les accidents vise surtout le personnel modeste ; les personnes qui gagnent 10.000 francs par an ne peuvent être rangées dans cette catégorie, et, en cas d'accident dans leur profession, elles ont parfaitement les moyens de se faire soigner à leur guise, sans que la loi ait à intervenir. Dans ces conditions il conviendrait, pour rester dans l'esprit de la loi, de fixer un maximum, par exemple de 6.000 francs par an, au delà duquel les dispositions de la loi cesseraient d'être appliquées, sous réserve d'entente entre les parties pour régler entre elles toutes indemnités supérieures à ladite somme. Il y aurait là une situation équitable, et nous ne pensons pas que le législateur se refuserait à l'admettre.

Remarquons en outre que bien souvent les appointements des employés varient par suite de leur participation dans les bénéfices ou du chiffre de leurs remises sur les affaires faites par eux : si on ne fixait pas un maximum, nombre de chefs d'industrie, pour éviter des rentes exagérées, seraient enclins à supprimer ces deux modes de salaires, dont le personnel n'a eu, jusqu'à présent, qu'à se louer (1).

Une question se pose encore, en présence de l'article 7 des lois de 1898 et de 1902. Indépendamment de l'action accordée en vertu de la loi sur les accidents, la victime ou ses représentants conservent, contre les auteurs de l'accident, autres que le patron ou ses ouvriers et préposés, le droit de réclamer la réparation du préjudice causé, conformément aux règles du droit commun.

L'employé pourra-t-il cumuler l'action accordée par la loi avec l'action de droit commun (art. 1382 et 1384 du Code civil) ? Il a toujours droit à l'action résultant des articles 1382 et 1384 du Code civil ; mais, à notre avis, cette action ne peut s'intenter que lorsqu'il a usé de celle qui lui a été accordée en vertu de la loi sur les accidents du travail. L'employé doit d'abord obtenir les satisfactions,

---

(1) La participation aux bénéfices pourrait obliger à la communication des bilans, et nombre de maisons de commerce préféreraient renoncer à faire profiter leur personnel de cet avantage, plutôt que de faire voir leurs livres.

les rentes qui lui sont allouées par les textes législatifs ;
ce n'est qu'une fois que le règlement s'est effectué, soit
par voie amiable, soit par voie judiciaire, qu'il nous paraît
en droit d'intenter une seconde instance, au cas où le préjudice dont il aurait été victime ne lui semblerait pas avoir
été indemnisé d'une façon équitable.

D'autant plus que, dans bien des cas, la rente suffit à
la victime et elle ne désire pas réclamer des indemnités
douteuses. Le cas d'une seconde instance, en matière de
droit commun, se produit quand l'accident a entraîné la
mort. Les héritiers ou représentants se font allouer les
rentes prévues par les articles 3 de la loi de 1898, puis
s'adressent à l'auteur de l'accident pour obtenir un capital
complémentaire, conformément aux articles du Code civil.

Mais encore une fois, nous ne jugeons pas que les deux
actions doivent se cumuler. Il nous semble plus rationnel
qu'elles s'intentent l'une après l'autre.

V

Du projet modificatif à la loi de 1899, en matière d'accidents agricoles.

Le besoin de compléter la loi du 30 juin 1899 se fait-il
sentir ? Il y a dans le monde parlementaire une manie de
légiférer quand même qui devient peut-être dangereuse (1).
La loi de 1899 voit son application limitée aux seuls accidents causés par l'emploi des machines actionnées par
des moteurs inanimés, c'est-à-dire qu'elle s'applique chaque fois que l'agriculture *s'industrialise*. Or le projet de
M. Chauvin, dont M. Paul Beauregard, son collègue, est
rapporteur (2), étend à toutes les exploitations agricoles,
viticoles et forestières, les bénéfices des lois de 1898, 1902,

---

(1) Lire au sujet de l'excès de réglementation la *Loi et le Contrat de travail* par Julien Hayem, un vol. in-8°, Félix Alcan, Paris, 1908.
(2) Rapport à la Chambre des députés, n° 1271, procès-verbal, séance du
24 octobre 1907.

1905 et 1906, avec certaines modifications de détail dont nous ne voulons pas nous occuper, comme risquant de nous entraîner hors du cadre restreint qui nous est tracé.

Nous nous élevons contre le principe même, et insistons auprès de nos représentants pour qu'ils attendent au moins les effets de la nouvelle loi de 1906, avant de se lancer dans un redoutable inconnu. Au surplus à la Chambre, le rapporteur n'a pas l'oreille de tous ses collègues. M. Chaigne, au nom de la Commission de l'agriculture, s'est élevé avec force contre le projet, et a demandé que la Chambre, avant d'en aborder la discussion, ordonnât « une large consultation du pays rural par la voie de ses conseils généraux et de ses associations agricoles (ouvrières et patronales), auxquelles serait adressé un questionnaire détaillé portant sur le principe même de la loi et sur les conditions de son application. »

La Commission de l'agriculture a en effet estimé que le projet ne tenait pas un compte suffisant des charges qui pèsent sur les exploitations agricoles, et qu'il demandait à l'agriculture française un sacrifice dépassant de beaucoup la moyenne de ses facultés. Elle a en outre trouvé que les risques variaient à l'infini dans les travaux agricoles, et qu'il était, comme conséquence, très difficile d'établir une moyenne pour le paiement des indemnités.

Nous ne pouvons, en ce qui nous concerne, qu'approuver cette manière de voir. Dans le projet de loi il n'est pas tenu compte des conditions auxquelles est soumise l'existence du cultivateur, des difficultés qu'il doit vaincre pour tirer de la terre des produits qui assurent très maigrement son existence, de l'ignorance dans laquelle il se trouve de l'économie de nos lois sociales, enfin du fait que l'agriculture moyenne et petite ne peut supporter une charge équivalente à celle que les lois de 1898 et 1906 font peser sur le commerce et sur l'industrie.

Nous espérons que la consultation réclamée par M. Chaigne fera réfléchir les auteurs du projet, qu'on s'en tiendra, en ce qui concerne l'agriculture, à la loi de 1899, compréhensible quand une industrie vient en aide à un travail agricole, et qu'on abandonnera, du moins pour le présent, la loi proposée, dont les effets ne pourraient qu'être des plus nuisibles à notre agriculture, déjà si éprouvée et que nous avons le plus grand intérêt à ménager et à favoriser.

VI

Conséquences économiques et sociales des lois sur les accidents du travail.

Les conséquences économiques et sociales de cette réglementation excessive de ces lois multiples et compliquées, édictées spécialement en faveur de certaines classes, sont des plus néfastes, et ne tendent rien moins qu'à discréditer et à ruiner à bref délai toute l'organisation si péniblement édifiée des accidents du travail.

Nous avons signalé les ravages effrayants causés par la fraude résultant de la complicité des médecins marrons. Le nombre des accidents n'a cessé de s'accroître ; cette progression ne laisse pas d'être nuisible à l'industrie : elle la prive, par le fait d'accidents de fantaisie, de nombreux ouvriers, alors qu'elle a déjà à se débattre difficilement dans les questions de main-d'œuvre et de salaire, causes de grèves multiples. Les tribunaux commencent bien à s'en apercevoir.

Le 23 mai 1908 le tribunal de la Seine a condamné à six mois de prison, à 500 francs d'amende, à la suspension de l'exercice de sa profession pendant cinq ans, un médecin parisien, qui, par une complaisance délictueuse, s'était rendu coupable en aidant un ouvrier, au moyen de certificats faux, à pratiquer l'escroquerie à l'accident du travail. On ne peut qu'applaudir à ce jugement sévère, avec l'espoir qu'il servira de frein aux manœuvres que nous avons dénoncées chez certains médecins (1). Il faut, par des mesures

---

(1) L'ouvrier, avec les certificats, avait touché deux indemnités ; le médecin s'était fait payer deux notes d'honoraires. Lire le jugement dans le numéro du *Journal*, 23 mai 1908.

énergiques, empêcher la gangrène d'atteindre le corps des travailleurs dont la majeure partie est encore, il faut l'espérer, saine, et il est du devoir de tous, parlementaires, industriels, assureurs, d'appliquer ces mesures sans retard.

Nous avons démontré que ces accidents si facilement simulés constituent une véritable prime à la paresse. Or, à notre époque, avec l'invasion du machinisme, les nouvelles conditions d'existence, l'homme n'est que trop enclin à diminuer la durée de son travail, tout en exigeant un salaire plus élevé. Le commerce, l'industrie, ont un véritable intérêt à réagir contre cette tendance, et à s'y opposer par tous les moyens en leur pouvoir.

Remarquons que commerce et industrie, indépendamment de l'augmentation des salaires, sont soumis à des charges déjà très lourdes et qui ne peuvent que s'accroître. Dans peu de temps l'impôt sur le revenu, d'une façon ou d'une autre, sera appliqué, et risquera de diminuer d'une façon sensible le maigre *quantum* actuel des bénéfices commerciaux et industriels. La loi sur les retraites ouvrières, bien que d'une application financière plus difficile, est toujours à l'ordre du jour de chaque législature et sert de plus en plus de tremplin électoral : peut-on affirmer que, malgré ses dangers, elle ne finisse par être votée ? Eh bien ! les commerçants, les industriels qui, avec les agriculteurs, constituent la véritable richesse du pays, qui, par leurs efforts combinés, assurent à la France un rang honorable dans l'ensemble des transactions mondiales, doivent-ils se laisser écraser ? Il faut qu'ils luttent pour l'honneur du drapeau, pour leurs intérêts, pour l'intérêt national ; si on ne diminue pas, comme il serait juste, les charges fiscales qui pèsent sur eux, que du moins on ne vienne pas encore arrêter leurs moyens de production, en empêchant le travail des ouvriers et des employés au moyen de lois mal conçues. Qu'ils protestent énergiquement, à cet égard, contre les abus des lois de 1898, 1902, 1905, 1906, qui finiraient par constituer, non une œuvre humanitaire et réparatrice, mais un instrument d'exploitation et une œuvre de corruption sociale.

Un dernier mot. Le législateur a-t-il bien réfléchi aux charges qui incombent aux compagnies d'assurances ? La progression considérable des sinistres, soit pour cause de simulation, soit par suite de l'abus des petites indemnités, peut les amener à abandonner l'assurance ouvrière. Trop souvent on considère, dans les milieux parlementaires, les compagnies d'assurances comme toutes-puissantes, jouissant de réserves considérables, et par suite taillables et corvéables à merci ! Les réserves qu'elles ont sont la garantie de leurs assurés, et on a vu un certain nombre de compagnies sombrer pour avoir entamé ces réserves.

Il est à souhaiter que les compagnies, en se montrant sages et prudentes, persistent dans leur œuvre utile, que les commerçants et les industriels ne souffrent plus d'une tracassière réglementation ; et que la loi remaniée serve à la moralisation et à la prospérité du pays.

TABLE DES MATIÈRES

Mayenne, Imprimerie Ch. COLIN.

www.ingramcontent.com/pod-product-compliance
Lightning Source LLC
Chambersburg PA
CBHW061229030726
47595CB00004B/1445